Libellus

Abenteuer in Rom

Faulem Zauber auf der Spur

von Eltje Böttcher

Ernst Klett Verlag
Stuttgart · Leipzig

1. Auflage 1 5 4 3 2 | 2025 24 23 22

Alle Drucke dieser Auflage sind unverändert und können im Unterricht nebeneinander verwendet werden. Die letzte Zahl bezeichnet das Jahr dieses Druckes.

www.klett.de

Autorin: Eltje Böttcher
Beratung: Dr. Antje Hellwig, Köln

Entstanden in Zusammenarbeit mit dem Projektteam des Verlages.

Illustrationen: Marie Ahlers, Bad Saulgau
Gestaltung: Miriam Brusniak, Berlin
Druck: AZ Druck und Datentechnik GmbH, Kempten/Allgäu

Printed in Germany
ISBN 978-3-12-623323-1

9 783126 233231

Inhalt

Abenteuer in Rom – Faulem Zauber auf der Spur

Anhang

Weitere Materialien zur Lektüre im Internet

Gib den Code in das Suchfeld auf schueler.klett.de ein. Hier findest du kostenlose Audios und andere Materialien zum Herunterladen.

e744z2

1 Die Hauptfiguren

Aemilia puella callida[1] est. Cum familiā in urbe[2] Rōmā vīvit. Saepe cum frātre ad Vīcum Tūscum it.

Gaius est frāter Aemiliae. Semper nūgās[3] agit. Canēs valdē amat. Etiam currere et lūdere eum dēlectat.

Etiam Līvia in urbe Rōmā vīvit. Legere aut sermōnēs cum amīcīs habēre eam dēlectat.

Alexander in tabernā Decimī labōrat. Fortis[4] est et amīcōs semper adiuvat. Lībertus[5] est.

Cygnus ē Graeciā[6] venit. Servus dominī Rōmānī est, itaque in urbe Rōmā vīvit. Saepe officia in Vīcō Tūscō explet. Ibī cum amīcīs sermōnēs habet et rīdet.

Decimus avunculus[7] Aemiliae, Līviae Gaīque est. Saepe nūgās agit et cum puerīs et puellīs rīdet.

---

[1] callidus, -a, -um: schlau, klug – [2] urbs, urbis *f.*: die Stadt – [3] nūgae, nūgārum *f.* (nur *Pl.*): der Unsinn, der Quatsch – [4] fortis: mutig – [5] lībertus, -lībertī *m.*: der Freigelassene – [6] ē Graeciā: aus Griechenland – [7] avunculus, avunculī *m.*: der Onkel

ETZT DU!

Stimmengewirr auf dem Vicus Tuscus

Erschließe die **fett** gedruckten Vokabeln und ordne zu: Wer ist gemeint?

? liest gern und kennt viele spannende **fabulae**.

Obwohl ? nur Späße im Kopf hat, läuft sein Laden **tamen** wirklich gut!

Wenn Gaius mal wieder Chaos angerichtet hat, fällt ? immer eine gute Ausrede für ihren kleinen Bruder ein.

Als Botenjunge auf dem Vicus Tuscus kann ? von den verrücktesten Erlebnissen **nārrāre**.

Der Junge ist so neugierig! Wenn etwas auf der Straße passiert, ist er immer **prīmus**, der hinrennt.

? passt gut auf den Laden von Decimus auf. Diebe sollten sich hier besser **abstinēre**!

Vicus Tuscus

Der *Vicus Tuscus*, „das tuskische Viertel", war eine belebte Einkaufsstraße zwischen dem Forum Romanum und dem Circus Maximus. Hier gab es viel zu entdecken: Götterstatuen aus der römischen Frühzeit (darunter der Gott Vertumnus, der seine Gestalt verwandeln konnte), bunte Weihrauch- und Parfumläden und viele weitere Geschäfte. Buchhändler präsentierten hier den Vorbeigehenden die Klassiker und Neuerscheinungen lateinischer oder griechischer Autoren.

2 Aufregung um Cygnus

Endlich ist die Schule vorbei. Den Nachmittag verbringen Aemilia und ihr Bruder Gaius im Laden ihres Onkels Decimus. Ihr Freund Alexander arbeitet dort als Verkäufer, und wenn nicht viel zu tun ist, hat Decimus nichts dagegen, dass er sich mit seinen Nichten und Neffen unterhält. Heute ist so ein Tag. Alles ist ruhig, aber plötzlich …

... at subitō clāmōrem magnum audiunt. Cygnus, amīcus līberōrum, per Vīcum Tūscum errat et magnā vōce cantat. Post eum[1] dominus properat et clāmat: „Nōlī nūgās[2] agere! Servus improbus es! Statim venī ad mē!“ Cygnus autem dominum īrātum neque audit neque eī pāret.

„Was ist denn mit Cygnus los?“ ruft Gaius verwundert. Aemilia zieht eine Augenbraue hoch: „Na, der hat heute einfach ziemlich gute Laune, was?“ „Gute Laune?!“, entgegnet Alexander. „Der ist doch völlig durchgedreht! Und sein Herr sieht schon richtig wütend aus … Besser, wir mischen uns jetzt nicht ein.“ Aus der Ferne beobachten die drei, was weiter geschieht.

Subitō Cygnus clāmat: „Ecce dracō[3]! Nōlī amīcam meam urgēre! Nōlī amīcam meam oppūgnāre!“

Quid est? Cūr clāmat? Ah! Cygnus ad tabernam librāriam[4] properat.

Ibī volūmen[5] magnum spectat et clāmat: „Amīcam amō, itaque eam semper dēfendō! Dracōnem oppūgnāre et amīcam dēfendere cupiō!“

Volūmen oppūgnat ... et laniat[6].

---

[1] post eum: hinter ihm … her – [2] nūgae, nūgārum *f.*: der Unsinn, der Quatsch – [3] dracō, dracōnis *m.*: die Schlange, der Drache – [4] taberna librāria, tabernae librāriae *f.*: der Buchladen – [5] volūmen, volūminis *n.*: die Buchrolle – [6] laniāre, laniō: zerfetzen

Die drei Freunde schauen sich verdutzt an und wissen nicht recht, ob sie nun lachen sollen oder Cygnus zu Hilfe eilen. Da keift schon der Buchhändler: „Den Schaden wird mir dein Herr ersetzen, Junge! Das wird teuer!“

Auch Cygnus’ Herr hat nun endlich seinen Sklaven eingeholt. Er packt ihn hart am Arm und brüllt: „Was ist los mit dir? Erst flirtest du in der Mittagspause mit diesem Mädchen, dann rennst du betrunken durch die Straßen und jetzt das hier! Das Stadtleben bekommt dir wohl nicht gut. Ich sollte dich eine Weile aufs Land schicken, damit du lernst, was richtige Arbeit ist!“ Der Herr bezahlt dem Buchhändler das zerstörte Buch. „Und jetzt ab nach Hause!“ Cygnus trottet verwirrt neben ihm her und scheint selbst nicht zu begreifen, was er gerade getan hat.

„Da ist doch etwas faul … Cygnus trinkt nie zu viel“, wundert sich Alexander. Aemilia kramt aus ihrem Korb eine Wachstafel hervor und erklärt: „Livia muss erfahren, was passiert ist. Vielleicht hat sie eine Idee, was mit Cygnus los war.“ Sie schreibt einen Brief an ihre Cousine.

Aemilia Līviae suae salūtem dīcit.[7]

Cygnus hodiē per Vīcum Tūscum errāvit et cantāvit. Dominus eum vocāvit, at Cygnus nōn audīvit. Mīrum[8] est: Semper dominō pāret. Cūr hodiē nōn pāruit?

Tum ad tabernam librāriam properāvit. Ibī profectō volūmen laniāvit!

Dominus et librārius[9] ad Cygnum properāvērunt et eum tenuērunt. Dominus librāriō pecūniam dare dēbuit. Tum dominus et Cygnus domum properāvērunt.

Cygnus miser est: Certē dominus eum pūnīre cupit. Amīcum servāre cupiō! …

Während seine Schwester schreibt, schaut Gaius wieder aufs Forum …

[7] Aemilia Līviae suae salūtem dīcit: Aemilia grüßt ihre Livia (= „Liebe Livia“) – [8] mīrus, -a, -um: seltsam, sonderbar – [9] librārius, librāriī *m.*: der Buchhändler

… und macht eine weitere Entdeckung. Aufgeregt macht er Alexander und Aemilia ein Zeichen, drinnen auf ihn zu warten.

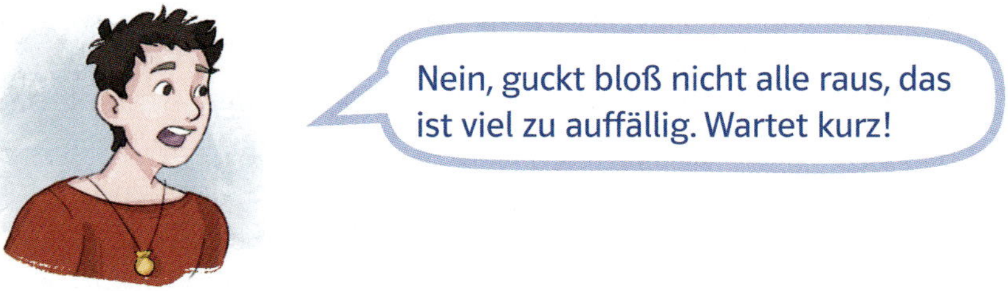

Flink verlässt Gaius den Laden. Hinter einen Warentisch geduckt beobachtet er die Straße. Kurz darauf kehrt er zurück und erzählt …

… Gaius nārrat: „Cygnus dominusque domum properāvērunt. Cygnus nōn iam cantāvit. Etiam dominus tacuit.

At ecce! Etiam duae[1] puellae Cygnum spectāvērunt. Digitīs[2] ad eum mōnstrāvērunt! Tum ad caupōnam properāvērunt.

Ibī puellae ad iānuam duōs virōs saevōs salūtāvērunt et eīs ampullam mōnstrāvērunt. Ampulla autem parva et pulchra fuit.

Puellae īrātae fuērunt. Prīmum virōs accūsāvērunt, tum obsecrāvērunt. Virī nihil respondērunt, sed rīsērunt. Puellās saevē ab iānuā arcuērunt.

Tum puellae cessērunt et fugērunt. Virī autem caupōnam intrāvērunt. Prope iānuam fēmina pulchra sēdit.

Quid ēgit tam pulchra fēmina in eā cauponā? Cūr puellae amīcum nostrum spectāvērunt? Cūr virōs improbōs accūsāvērunt? Cūr eīs ampullam mōnstrāvērunt? Quid fuit in ampullā? Quid cēnsētis, amīcī?“

Warum hat sich Cygnus so seltsam verhalten und was wissen die zwei Mädchen darüber? Sind diese Kerle gefährlich? Und was hat die mysteriöse Schönheit in der Kneipe mit alledem zu tun? Die Freunde beschließen, der Sache gemeinsam weiter auf den Grund zu gehen …

[1] duo, duae, duo: zwei – [2] digitus, -ī *m.*: der Finger

JETZT DU! Eilige Zeilen

Aemilia ergänzt in ihrem Brief an Livia schnell die neuesten Ereignisse. Die Zeit drängt, und so kürzt sie einige Wörter ab. Welche Wortendungen muss sich Livia beim Lesen dazu denken?

Gaius nōbīs rem mīram[3] nārrāv?. Duae puellae Cygnum spectāv?. Tum ad caupōnam properāv?. Ibī puellae duōs virōs accūsāv?. Virīs ampullam mōnstrāv?.

Puellae īrātae fu?. At quid fu? in ampullā? In caupōnā fēmina pulchra sēd?. Quis est ea fēmina? Id scīre cupiō. Venī ad tabernam, Līvia! Valē![4]

JETZT DU! Das zerstörte Buch

„So ein blöder Bengel … Das war ein echtes Liviusplagiat!" Vor sich hin schimpfend sammelt der Buchhändler die Teile der zerstörten Buchrolle auf. Setze die Teile der Geschichte wieder in der richtigen Reihenfolge zusammen.

At ānserēs sacrī Iūnōnis Gallōs animadvertērunt et Rōmānōs excitāvērunt. Tandem Rōmānī Gallōs ab arce arcuērunt. Itaque eā nocte ānserēs Rōmam servāvērunt.

Quondam Gallī Rōmam oppūgnāvērunt. Rōmānī autem in arcem fūgērunt. Ibī sē dēfendērunt. Rōmānī Gallōs rīsērunt, nam in arce tūtī fuērunt.

Sed tum famēs Rōmānōs ursit, itaque Gallī Rōmānōs rīsērunt. Nocte Gallī in arcem ascendērunt. Rōmānī Gallōs neque cōnspexērunt neque audīvērunt.

---

[3] rem mīram: etwas Seltsames – [4] Valē!: Leb wohl!

3 Accias Geheimnis

Als Gaius und Aemilia am nächsten Tag den kleinen Laden betreten, wartet Livia dort bereits auf die beiden und bedankt sich für den Brief. Alexander erzählt: „Eben kam ein anderer Sklave aus Cygnus' Familie zum Einkaufen her. Cygnus muss wirklich zur Strafe auf dem Land arbeiten. Das kann viele Monate dauern."

Aemilia ist empört: „Ich bin sicher, dass der Arme zu Unrecht bestraft wird." Livia: „Wir müssen Cygnus' Herrn die wahren Schuldigen nennen. Dann wird er Cygnus bestimmt verzeihen und ihn zurück nach Rom holen!" Gaius strahlt: „Klingt gut!" Dann kratzt er sich verwirrt am Kopf: „Aber wer sind denn die wahren Schuldigen?" Alexander lächelt zuversichtlich. „Gemeinsam werden wir das schon herausfinden …"

Da betreten zwei Mädchen das Geschäft und beginnen, in den Waren zu stöbern. Sofort setzt Alexander seine freundliche Verkäufermiene auf, und auch Livia und Aemilia grüßen höflich. Doch Gaius wirkt plötzlich sehr aufgeregt. „Das sind die beiden von gestern!", flüstert er, und bevor die anderen reagieren können, steht er schon vor den Mädchen.

Gaius: „Quid fuit in ampullā?"

„Quid rogāvistī, puer?", ūna[1] ē puellīs rogat.

Gaius respondet: „Rogāvī: Quid fuit in ampullā?"

Puellae respondent: „Ampullam nōn iam habēmus."

Gaius: „Et cūr Cygnum spectāvistis?"

Puellae: „Cygnum miserum spectāvimus, nam …"

Die Mädchen brechen plötzlich in Tränen aus.

„Nōlī nōs urgēre, puer moleste!"

---

[1] ūnus, -a, -um: ein(e)

Livia reagiert schnell. Sie wendet sich freundlich an die beiden Mädchen: „Entschuldigt bitte, dass wir so neugierig sind. Wenn wir es richtig mitbekommen haben, hattet ihr gestern Ärger mit den Leuten aus der Kneipe. Was ist denn passiert und was hatte unser Freund Cygnus damit zu tun? Können wir euch vielleicht irgendwie helfen?“ Allmählich beruhigen sich die Mädchen wieder. Sie stellen sich als Accia und Doris vor und scheinen sogar ganz froh darüber, den vier Freunden ihr Geheimnis erzählen zu können.

Accia nārrat: „Hīc in Vīco Tūscō in popīnā[2] parvā labōrāmus. Cygnus in eam popīnam saepe ad cēnam it.“

Dōris: „Accia Cygnum amat. At Cygnus eam neglegit. Nūper autem forte dē Thessalā audīvī.“

Aemilia rogat: „Quis est ‚Thessala‘? Ego nomen[3] adhūc nōn audīvī. Quid tū audīvistī dē eā fēminā, Dōris?“

Doris beginnt zu schwärmen:

„Multōs rūmōres[4] audīvī: Thessala maga est. Vōce suā perīcula[5] arcet. Fortūnās pārat. Thessala etiam amōrem excitāre potest. Iam multī hominēs auxilium[6] ā Thessalā rogāvērunt, et maga cūnctōs semper adiūvit. Itaque ...“

Aemilia kommt ein schrecklicher Verdacht:

„Quid!? Num etiam vōs auxilium ā magā rogāvistis!?“

Doris bestätigt schuldbewusst:

„Ita est. Caupōnam intrāvimus et auxilium ā magā rogāvimus.“

„Die schöne Frau in der Kneipe gestern, das war bestimmt diese Thessala“, flüstert Gaius Alexander zu, „Was meinst du? Ob sie wirklich zaubern kann?“ Alexander zuckt nur mit den Schultern. Dann wendet auch er sich Accia zu: „Und? Konnte sie dir helfen, diese berühmte Zauberin? Was passierte dann?“

---

[2] popīna, -ae *f.*: die Garküche, der „Schnellimbiss“ – [3] nōmen, nōminis *n.*: der Name – [4] rūmor, rūmōris *m.*: das Gerücht – [5] perīculum, -ī *n.*: die Gefahr – [6] auxilium, auxiliī *n.*: die Hilfe

Accia nārrat: „Dōris et ego caupōnam intrāvimus et Thessalam salūtāvimus. Magam obsecrāvī: ‚Adiuvā mē, Thessala!‘ Thessala respondit: ‚Quid cupis, puella?‘ Ego: ‚Excitā amōrem Cygnī, oh maga!‘

Thessala negāvit[1]. Tum pecūniam mōnstrāvī. Tandem mihī pōtiōnem amōris parāvit. Certē Thessala posteā pecūniam meam in templum portāvit et deīs sacrum fēcit.“

Aemilia rīdet: „Certē! Cūnctī pecūniam amant: Etiam deī ‚pecūniam sacram‘ amant.“

Dōris: „Herī[2] Cygnus cum dominō in popīnā[3] fuit. Accia eīs cēnam et vīnum parāvit. In pōculum Cygnī etiam pōtiōnem amōris fūdit[4].“

Accia: „Tum sermōnem cum Cygnō habuī. Amōrem eius exspectāvī, sed errāvī. Pōtiō nocuit: Nōn amōrem excitāvit, sed furōrem[5]!

Livia legt Accia mitfühlend eine Hand auf die Schulter. Alle schweigen einen Moment betroffen. Dann zeigt Alexander in Richtung der Kneipe. „Und wer sind die beiden Kerle, mit denen ihr gestritten habt?“

Accia: „Iī virī cūstōdēs Thessalae sunt et eam semper adiuvant. Ad Thessalam īre atque pecūniam repetere[6] cupīvīmus, sed custōdēs nōs ab eā arcuērunt! Fēmina improba est!“

[1] negāre, negō, negāvī: ablehnen – [2] herī *(Adv.)*: gestern – [3] popīna, popīnae *f.*: die Garküche, der „Schnellimbiss“ – [4] in pōculum … fūdit: sie goss … in den Becher – [5] furor, furōris *m.*: der Wahnsinn – [6] repetere: zurückfordern

Gaius ruft aufgeregt: „Das alles müsst ihr unbedingt Cygnus' Herrn erzählen!“
Accia schüttelt heftig den Kopf: „Nein, nein, wir wollen keine Probleme ...“ – Aemilia lacht empört auf: „Keine Probleme? Ohne euch wäre Cygnus doch noch in Rom! So groß kann Accias Liebe ja nicht sein, dass ihr jetzt so feige seid.“ Doris reagiert gereizt: „Kannst du dir eigentlich vorstellen, wie das echte Leben aussieht? Wir wollen keinen Ärger mit dieser Bande, mit unseren Eltern, mit unserem Wirt ... Kümmert euch um euren eigenen Kram und lasst uns in Ruhe!“ Sie fasst Accia bei der Hand, und die Mädchen verlassen eilig den Laden.

Aemilia seufzt. „Na, von denen können wir wohl keine Hilfe erwarten ...“ Livia verkündet entschlossen: „Aber auf uns kann Cygnus zählen!“ Alexander nickt langsam und sagt: „Dann brauchen wir wohl einen eigenen Plan, um diese Bande zu überführen!“

Religion und Magie im alten Rom

Der Glaube an höhere Mächte spielte im Alltag der Römer eine große Rolle. Man verehrte die Götter mit Kulthandlungen und Opfergaben. Dabei wurden die Regeln und Rituale, die von den Vorfahren überliefert worden waren, genau befolgt. So sprachen Priesterinnen und Priester in den öffentlichen Tempeln, aber auch Familienväter am hauseigenen Altar immer die gleichen Gebetsformeln. Professionelle Wahrsager deuteten die Zukunft aus dem Vogelflug oder aus den Eingeweiden von Opfertieren. Der Glaube an höhere Mächte wurde auch geschäftlich genutzt: Selbsternannte Zauberinnen und Zauberer verkauften Medikamente oder Gifte als Wundermittel und boten Traumdeutung oder andere magische Dienste an.

Während die anderen über Cygnus' Rettung beraten, ist Gaius mal wieder in ganz eigenen Gedanken. Er schaut eine Weile verträumt aus dem Fenster und ruft dann plötzlich begeistert aus: „Eine so mächtige Zauberin, gleich nebenan! Was sie wohl noch so alles zaubern kann?"

Livia runzelt die Stirn. „Ach Gaius, das ist doch unfair, jemandem heimlich einen Zaubertrank unterzujubeln. Wahre Liebe passiert nur freiwillig!"

Aemilia lacht ihr kopfschüttelnd zu: „Wahre Liebe, was redest du da. Liebe ist doch nur eine körperliche Reaktion. Da steht ein vernünftiger Mensch doch einfach drüber. Stimmt's, Alexander?"

Alexander sieht Aemilia nachdenklich an. „Ja ... klar, da steht man einfach drüber, das seh' ich auch so ... Aber hier geht es ja auch gar nicht um echte Liebe. Das war doch Betrug mit irgendeiner Giftdroge, oder? "

Aemilia: „Den Verdacht habe ich auch. Und das Geld für den Tempel landet sicher auch in Thessalas eigener Tasche."

Livia seufzt: „Hoffentlich geht es Cygnus gut auf dem Land."

Alexander: „Richtig. Das ist jetzt das Wichtigste: Wir müssen der Bande das Handwerk legen und Cygnus' Unschuld beweisen, damit er schnell zurück zu uns nach Rom kommen darf!"

Da betritt Onkel Decimus den Laden. „Was höre ich da? Schmiedet ihr Pläne, hier in meinem Laden?" Er droht scherzhaft mit dem Finger: „Aber erst morgen wieder, Kinder. Nun müsst ihr nach Hause, sonst bekomme ich noch Ärger mit euren Eltern ..."

ETZT DU! Wer könnte was gesagt haben?

Ordne die folgenden Aussagen den richtigen Personen zu. Das Lösungswort verrät dir, welches lateinische Wort die alten Römer für „Flirtversuche" hatten.

1 Cygnum valdē amō, sed is mē neglegit.

- **AM** Doris
- **FL** Thessala
- **BL** Accia

2 Deī hominēs adiuvant – sed eīs pecūniam dare dēbeō. Ergō dā mihī pecūniam.

- **AL** Gaius
- **IL** Doris
- **AN** Thessala

3 Quis est Accia? Ea puella mihī īgnōta est.

- **L** Doris
- **D** Cygnus
- **B** Alexander

4 Hodiē parentēs nōs excitāvērunt.

- **AE** Alexander et Gaius
- **UV** Doris et Accia
- **IT** Gaius et Aemilia

5 Gaius frāter meus est.

- **O** Alexander
- **I** Aemilia
- **L** Accia

6 Occupātus sum. Tabernam cūrāre dēbeō.

- **TA** Livia
- **AE** Alexander
- **US** Gaius

JETZT DU! Kühne Träume

Gaius träumt davon, ein mächtiger Magier zu sein. Welche Zauber beherrscht Thessala Gerüchten zufolge, und welche hat Gaius dazuerfunden? Notiere dir die Buchstaben hinter Thessalas angeblichen Fähigkeiten und erfahre den Namen der Göttin für schwarze Magie.

- **PH** Gedanken lesen
- **ER** Mit Tieren sprechen
- **HE** Reichtums- und Glückszauber
- **CA** Gefahrenabwehr

- **CT** Fliegen
- **RI** Zeitreisen
- **TE** Liebeszauber
- **LA** Gestaltwandel

4 Der Soldat im Kaufrausch

Der nächste Tag. Wie jeden Vormittag arbeitet Alexander im Laden des Decimus. Dieser hat heute ausgesprochen gute Laune. Er singt, pfeift und blickt immer wieder auf die Sonnenuhr gegenüber dem Laden. Gegen Mittag schlägt er vor: „Ich muss noch eine Kleinigkeit einkaufen. Mach doch eine Pause und komm mit!" Decimus schließt seinen kleinen Laden ab und schlendert fröhlich mit seinem Gehilfen über den Vicus Tuscus in Richtung Forum Romanum. Bei einem Schmuckgeschäft bleibt er stehen. „Warte kurz, ich bin gleich wieder da!"

Alexander lehnt sich an eine Mauer. Er blinzelt träge in die Mittagssonne und genießt das bunte Treiben. Da wird er plötzlich Zeuge eines Streitgesprächs zwischen einem Soldaten und einer Frau:

Fēmina: „Īrāta sum!"

Mīles: „Cūr īrāta es, per deōs[1]? Quid fēcī?"

Fēmina: „Quid fēcistī? Nūper ad cēnam meam nōn vēnistī!"

Mīles: „Dē cēnā tuā nōn cōgitāvī."

Fēmina: „Tabulam mīsī et tē dē cēnā monuī. Tamen nōn vēnistī."

Mīles: „Nōlī mē urgēre! Tū nōn uxor, sed amīca mea es."

Fēmina tacet et cōgitat. Tandem ad mīlitem rīdet et vōce iūcundā dīcit: „Bene dīxistī. Amīca tua sum." Tum eī ampullam mōnstrat. „In ampullā vīnum bonum est. Cupisne vīnum bonum bibere, amīce?"

Alexander ahnt Schlimmes „Pass auf!", will er noch rufen, doch zu spät …

Mīles ampullam accipit … et bibit!

Der Soldat stutzt. Erst wird er blass, dann grünlich, schließlich wieder blass … zuletzt breitet sich ein rosiger Schimmer auf seinem sonnengegerbten Gesicht aus. Seine Augen glänzen, und der eben noch so grummelige Soldat strahlt seine Begleiterin an. Aufgeregt zeigt er zu den Läden.

[1] per deōs: bei den Göttern

Mīles: „Ecce, illīc tabernae sunt, amīca mea! Tibī dōna dare cupiō.“

Fēmina gaudet. „Ōh, bene, amīce!“, dīcit. „Dā mihī dōna pulchra!“

Alexander mīlitem ad tabernās currere videt. Paulō post mīles redit et nārrat: „Forte tūnicam pulchram vīdī et ēmī[2]. Accipe tūnicam pulchram, oh amīca mea!“

Fēmina dōnum accipit et gaudet. Mīlitī bāsia[3] dare cupit, sed is iterum ad tabernās properat. Paulō post redit et clāmat: „Forte gladium bonum vīdī et ēmī. Accipe gladium bonum!“

Fēmina gladium accipit neque gaudet. Mīles iterum abit reditque.

Mīles: „Forte tubam praeclāram audīvī et ēmī. Accipe tubam praeclāram!“

Fēmina etiam tubam accipit. Mīles iterum abit reditque.

Mīles: „Forte bovem ēgregiam cōnspexī et statim dē tē cōgitāvī. Accipe bovem ēgregiam!“

Bōs fēminam urget et māgnā vōce ad eam mūgit[4]. Dōna fēminae nōn placent. Nunc īrāta est. Mīles autem iterum abit reditque.

Mīles: „Forte saxum pulchrum vīdī et ad tē portāvī. Accipe saxum pulchrum et gaudē, ōh amīca mea!“

At fēmina neque saxum accipit neque gaudet. Dōna mīlitemque spectat, at nihil dīcit. Tandem fugit.

Der Soldat schaut seiner Freundin verwirrt nach und kratzt sich am Kopf. In dem Moment kommt Decimus aus dem Schmuckladen. Zufrieden zeigt er Alexander einen kleinen Kettenanhänger. „Hübsch, nicht?" Alexander: „Ja, für wen ist er denn?" Decimus grinst. „Nicht so neugierig, junger Mann! Du musst aber heute wieder eine Weile allein im Laden arbeiten, ich habe noch etwas vor ..." Er drückt seinem Gehilfen den Schlüssel in die Hand, stimmt ein Lied an und verschwindet in den Gassen. Alexander zuckt mit den Schultern und kehrt allein zum Laden zurück.

[2] emere, emō, ēmī: kaufen – [3] bāsia, -ōrum *n. Pl.*: Küsse – [4] mūgīre: muhen

5 Geld öffnet Türen

Als Alexander allein zum Laden zurückkehrt, führt ihn sein Weg auch an der zwielichtigen Kneipe vorbei. Die zwei Wächter lehnen an der Wand und mustern grimmig alle Vorbeigehenden. Noch viele Schritte später glaubt Alexander, ihre bohrenden Blicke in seinem Rücken zu spüren … Vor Decimus' Laden warten Aemilia, Livia und Gaius bereits auf ihn und begrüßen ihn stürmisch. Alexander blickt sich nervös zu den Wächtern um. Schnell öffnet er die Tür. Drinnen beginnen die vier eine Diskussion.

Aemilia: „Wir müssen Cygnus' Herrn davon überzeugen, dass Cygnus unschuldig ist."

Livia: „Dafür sollten wir ihm Beweise liefern."

Gaius: „Wir könnten einfach in die Kneipe reingehen und einen Trank als Beweismittel kaufen. Worauf warten wir denn noch? Lasst uns losgehen!"

Livia schüttelt den Kopf: „So einfach ist das nicht, Gaius. Diese Bande nimmt uns Jugendliche doch bestimmt nicht ernst!"

Alexander zuckt mit den Schultern: „Meinst du wirklich? Immerhin haben sie auch Accia einen Zaubertrank verkauft, und die ist kaum älter als Aemilia."

Aemilia: „Stimmt. Vielleicht hat Gaius ja recht: Lasst es uns einfach versuchen."

Livia nickt langsam: „Also gut."

Alexander: „Am besten ist es, wenn wieder ein Mädchen mit der Bande redet. Aemilia, wie wäre es mit dir? Erzähl denen eine Lügengeschichte!"

Aemilia grinst. „Da fällt mir schon etwas ein …"

Paulō post cūnctī ad caupōnam eunt. Statim custōdēs improbī adsunt.

Aemilia: „Salvēte! Intrāre cupimus. Iam multa[1] dē Thessalā, dominā vestrā, audīvimus."

Custōs 1: „Quid puella dē dominā nostrā audīvit, Crispīne?"

Custōs 2: „Puella mihī īgnōta est, Galle! Ego eī nihil nārrāvī!"

Crispīnus (ad Aemiliam et Līviam): „Quid audīvistis dē Thessalā, puellae?"

Aemilia: „Multa audīvimus: Thessala maga ēgregia est. Itaque eam petimus."

Crispīnus: „Puellae īgnōtae caupōnam nostram intrāre nōn dēbent! Abīte!"

Līvia: „At pecūniam habēmus."

Gallus rīdet. „Oh! Pecūnia nōbīs placet."

Crispīnus: „Prīmum pecūniam mōnstrāte, tum caupōnam nostram intrāte!"

Nun ja nicht nervös werden! Mit zitternden Fingern öffnet Livia ihren Geldbeutel. Misstrauisch zählt Crispinus die Münzen. Endlich nickt er. Die Freunde atmen auf. Schon wollen sie an ihm vorbei die Kneipe betreten, doch …

… at Crispīnus puerōs saevē ab iānuā arcet. „At puerī ad iānuam manēre et puellās exspectāre dēbent."

Quid nunc? Aemilia sēcum cōgitat. Tum respondet: „Iī puerī servī meī sunt. Mēcum intrāre dēbent."

Gaius īrātus est: „Servus nōn sum!"

Aemilia parvā vōce respondet: „Bene sciō tē servum nōn esse! Sed in fabulā nostrā servus meus es! Tacē!"

Crispīnus et Gallus nihil audiunt. Etiam iī inter sē sermōnem habent. Tum ad puellās redeunt.

Crispīnus: „Sermōnem inter nōs habuimus. Pecūniam habētis, itaque vōbīs licet cum servīs vestrīs ad Thessalam īre. Intrāte!" Tandem custōdēs Aemiliam, Līviam, Gaium, Alexandrum in caupōnam dūcunt …

---

[1] multa: vieles

6 Bei Thessala

Worauf haben sie sich da nur eingelassen? Mit klopfenden Herzen folgen die vier Freunde den Türstehern ins Innere der Kneipe bis in ein dunkles Hinterzimmer. Ein beißender Qualm schlägt ihnen aus vielen Öllampen entgegen. Auf einem niedrigen Tisch liegen kleine Bleiplättchen: Fluch-Täfelchen, in die jemand gruselige Verwünschungen eingeritzt hat. Nur wenige Lichtstrahlen verirren sich durch ein kleines, mit Brettern vernageltes Fenster in das Zimmer.

Crispinus und Gallus flüstern leise mit einer dunklen Gestalt. Als sie mit schweren Schritten das Zimmer wieder verlassen, klirren in einem Regal unzählige kleine Glasflaschen. Erst nach einer Weile gewöhnen sich die Augen der Freunde an das schummrige Licht.

Nunc puellae puerīque fēminam pulchram vident. Ea sedet et tacet. Silentium est. Tandem Aemilia eam salūtat.

„Salvē, Thessala, ōh maga praeclāra. Multa[1] dē tē audīvimus. Nōs adiuvā, ōh domina bona! Parā nōbīs pōtiōnem!“

Thessala mustert die vier Freunde von oben bis unten. Erst nach einer langen Pause lässt sie sich zu einer Antwort herab:

„Pōtiōnēs nōn parō.“

Erschrocken blicken sich die Freunde an. Das war ein Bluff, ganz klar! Die Betrügerin will ihnen noch nichts von ihrem miesen Geschäft verraten. Wie sollen sie nun an weitere Informationen kommen? Da zwinkert Livia und wendet sich an Thessala …

---

[1] multa: vieles

Līvia: „At pecūniam habēmus."

Thessala: „Ōh! Pecūnia mihī placet. Mōnstrāte prīmum pecūniam, accipite tum pōtiōnēs!"

Līvia pecūniam mōnstrat.

Thessala rīdet. „Parō bonās pōtiōnēs, ēgregiās pōtiōnēs! Pōtiōnēs meae hominēs malōs arcent, fortūnās parant, amōrem excitant. Bibite pōtiōnēs meās! Iam mihī dīcite: Quid cupitis?"

Der Plan scheint aufzugehen! Jetzt bloß nichts Falsches sagen …

Aemilia fabulam nārrat: „Iuvenem[2] amō, sed is mē neglegit. Itaque amōrem eius excitāre cupiō."

Gaius: „Quid? Soror mea iuvenem amat!? Nārrā mihī, Aemilia: Quis est is iuvenis?"

Thessala: „Quid dīxistī, puer? Ea puella soror tua est? Tū nōn servus eius es!?"

Aemilia: „Ōh Gaī, cūr nōn tacuistī? Tibī iam dixī: In fabulā nostrā servus meus es!"

Thessala: „Quid? Fabulam nārrāvistis? At cūr? Num cōnsilium[3] malum habētis?"

Līvia: „Nōn cōnsilium malum habēmus, sed pecūniam habēmus!"

Thessala: „Pecūnia vōs nōn iam adiuvat. Vōs mihī nocēre cupitis. Custōdēs! Venīte!"

Statim Crispīnus Gallusque veniunt …

---

[2] iuvenis, iuvenis *m.*: der junge Mann – [3] cōnsilium, cōnsiliī n.: *hier:* der Plan

7 Wilder Kampf und fiese Flüche

Grimmig stürmen die beiden Türsteher in das schummrige Hinterzimmer, um ihrer Komplizin beizustehen.

Crispīnus: „Quid est, Thessala?

Thessala: „Puellae puerique nōbīs nocēre cupiunt. Capite eōs!“

Statim custōdēs amīcōs oppūgnant. Crispīnus Alexandrum petit. Gallus Aemiliam oppūgnat.

Līvia autem mēnsam[1] vertit[2], post mēnsam[3] fugit, Gaium sēcum dūcit. Papyrī atque tabulae dē mēnsā cadunt. Clāmor magnus est.

Alexander et Aemilia bene pūgnant, at neque sē neque amīcōs dēfendere possunt. Tandem custōdēs eōs cūnctōs capiunt.

Thessala schäumt vor Wut. Sie umkreist ihre Gefangenen, ihre Augen blitzen bedrohlich. Gallus scheint ihre Zornesausbrüche schon zu kennen. Er zieht den Kopf ein und sagt keinen Ton. Auch Crispinus klingt fast schüchtern, als er sich an seine Komplizin wendet: „Thessala, Herrin …?“ „Was!?“, faucht sie ihn an. „Die zehnte Stunde beginnt“, erinnert er sie. „Deine reiche Kundin wartet sicher schon im Schankraum!“

Thessala flucht. „Die möchte ich nicht warten lassen. Ich hoffe nur, diese hohle Nuss hat keine Sklaven mitgebracht.“ Sie winkt mit herrischer Geste ihre Komplizen zu sich. „Bewacht die Tür! Aber bleibt in Rufweite, um mir ihren Pöbel vom Hals zu halten! Ich kann keine neugierigen Ohren gebrauchen, wenn ich meine Geschäfte abschließe!“

---

[1] mēnsa, mēnsae *f.*: der Tisch – [2] vertere, vertō: umstoßen – [3] post mēnsam: hinter den Tisch

Thessala zischt den Freunden noch zu:

„Hīc manēte, līberī molestī! Vōbīs poena mala īnstat!“

Gallus rīdet: „Haehae, exspectāte poenam malam!“

Dann fällt die Tür zu …

Thessala abit. Gallus Crispīnusque autem nōn procul cēdunt. Custōdēs iānuam obsident. Itaque amīcī per iānuam fugere nōn possunt.

Quid nunc?

JETZT DU! Finstere Flüche

Gebete und Opfer sollten die römischen Gottheiten dazu bringen, den Menschen zu helfen. Oft hatten die Leute sehr spezielle Wünsche. Manche wollten sogar ihren persönlichen Feinden schaden …

- Was erhoffen die Schreiberinnen und Schreiber der folgenden Fluchtafeln?
- Auf welche unterschiedlichen Weisen versuchen sie, die Götter zu überzeugen, ihnen zu helfen?
- Informiere dich über die genannten Gottheiten. Warum wurden sie jeweils als Adressaten ausgewählt?

Mercurī, mē adiuvā!
Prīmum pūnī fūrem malum,
tum accipe dōnum sacrum!

Plūto et Proserpina, vōs obsecrō!
Bassus agitātor vincere nōn dēbet.
Itaque nocēte equīs eius!

Mercurī, prīmum accipe
dōnum sacrum, tum portā
tabellam[4] ad īnferōs[5]!

Iuppiter, tū deus magnus es.
Iūdicium tuum semper rēctum est.
Itaque pūnī hominem improbum!

Cynthia fuit prīmus amor meus, sed nunc
Aurēlium amat. Īrātus sum, itaque tē obsecrō,
Plūtō. Corrumpe amōrem Cynthiae et Aurēlii!

---

[4] tabella, tabellae *f.*: das Täfelchen – [5] ad īnferōs: in die Unterwelt. *Dort sollten die Geister der Verstorbenen für die Erfüllung des jeweiligen Fluches sorgen.*

8 Eingesperrt!

Nun sind die vier Freunde allein im schummrigen Hinterzimmer. Durch die Tür sind gedämpft die Stimmen der Wächter zu hören. Alexander bewegt sich vorsichtig. Seine Lippe blutet ein wenig und die Rippen schmerzen nach dem Kampf – gebrochen scheint aber nichts zu sein. Leise flüstert er: „Ist jemand verletzt? Geht es dir gut, Aemilia?" Aemilia nickt ihm kurz zu und blickt sich nach Gaius um. Als sich ihr kleiner Bruder vom Boden aufrappelt, atmet sie erleichtert auf.

Im Halbdunkel raschelt etwas: Livia durchsucht die Papyrusstücke, die vom Tisch gefallen sind. Sie zeigt ihren Freunden eine Liste mit Zutaten. „Seht mal! Das muss das Rezept für den faulen Liebeszauber sein!" Aemilia verzieht das Gesicht. „Na, wirklich lecker klingt das aber nicht …" Alexander grinst. „Liebesdrogen müssen eklig schmecken, sonst wirken sie nicht – oder wie war das noch gleich?" Livia reißt ihm den Papyrus wieder aus der Hand. „Jetzt bleibt doch mal ernst! Das ist überhaupt nicht witzig!"

Sie liest die Liste erneut und runzelt die Stirn: „Und als Beweis reicht das wohl leider auch nicht aus … Über Gift oder Betrug steht da nämlich nichts." Livia klemmt die Liste hinter ihren Gürtel und seufzt. „Schade … wir waren so dicht dran …"

Alexander: „Keine Sorge, wir finden schon noch einen Weg, um Cygnus zu retten. Viel wichtiger ist jetzt aber: Wie kommen wir hier raus?"

Während Aemilia, Alexander und Gaius sich nach einer Fluchtmöglichkeit umsehen, lauscht Livia an der Tür.

„Audiō custōdēs sermōnem habēre. Putō eōs īratōs esse."

Leise wiederholt sie für ihre Freunde einen Streit zwischen den beiden Wächtern.

Gallus in sellā[1] cōnsīdit. Nunc Gallus sedet – Crispīnus autem stat[2].

„Audīvī custōdem cōnsīdere."

...

Crispīnus: „Quid? Tū sedēs, ego autem stāre dēbeō? Surge! Surge tandem, Galle!"
Gallus surgit, sed sellam tenet.
Crispīnus: „Dā mihī sellam!"

„Audīvī Crispīnum Gallum excitāre et sellam petere."

Crispīnus Gallum oppūgnat.
Gallus clāmat: „Eheu![3]"

„Hui! Quid audīvī? Custōdem clāmāre audīvī. Gallum clāmāvisse putō."

...

Nunc Gallus Crispīnum petit.
Custōdes saevē pūgnant.
Subitō sella cadit. Crispīnus et Gallus sellam frāctam[5] spectant et clāmant.

„Nunc clamōrem magnum audiō. Putō custōdēs inter sē pūgnāre."

...

Crispīnus īrātus est: „Tū sellam meam dēlēvistī[6], homō improbe!"

„Paulō post audīvī Crispīnum Gallum accūsāre."

...

Nunc neque Gallus neque Crispīnus sedēre potest. Custōdēs autem pūgnāre pergunt.

„Nunc iterum clāmōrem audiō. Quaerite viam[7], amīcī! Custōdēs nōs audīre nōn possunt, itaque nunc fugere possumus!"

---

[1] sella, sellae *f.*: der Stuhl – [2] stāre, stō, stetī: stehen – [3] Eheu: Oh weh! – [4] Hui: Huch! – [5] frāctus, -a, -um: zerbrochen – [6] dēlēre, dēleō, dēlēvī: zerstören – [7] via, viae *f.*: der Weg, *hier:* der Fluchtweg

9 Der Fluchtversuch

„Schnell!“, flüstert Livia. „Wir müssen verschwinden, solange die Kerle abgelenkt sind. Wie kommen wir hier bloß raus?“

Subitō Gaius ad fenestram[1] parvam ascendit.

„Ascende ad mē, Alexander!“, Gaius inquit. „Ego parvus sum, itaque tabulās ēvellere[2] nōn possum. Adiuvā mē!“ Alexander ad Gaium ascendit. Et profectō puerī nunc tabulās ēvellere et fenestram aperīre possunt.

Alexander: „Gaī, tū prīmus es! Fuge per fenestram. Tum nōs exspectā!“

Gaius springt aus dem Fenster auf die Straße und winkt seinem Freund von unten zu. Dann bietet Alexander Aemilia seine Hand an. Sie greift zu, zieht sich mit Schwung zu ihm hoch und folgt ihrem Bruder nach draußen.

Livia fällt das Klettern schwerer. Sie sieht sich nach einer Aufstiegshilfe um, doch Alexander greift schon nach ihren Händen. Während er sie hochzieht, suchen ihre Füße vergeblich Halt an den Mauervorsprüngen. „Psssst!“, mahnt Alexander. Das Kampfgeschrei vor der Tür ist inzwischen verstummt, und in der Stille erscheint ihm das Scharren von Livias Sandalen unerträglich laut.

[1] fenestra, fenestrae *f.*: das Fenster – [2] tabulās ēvellere: die Bretter losreißen

Da ertönt ein scheußliches Knirschen. Ein Stein löst sich unter Livias Fuß und fällt krachend zu Boden. Alexander erstarrt und blickt zur Tür. Hoffentlich haben die Wächter ihre Flucht nicht bemerkt! Einige Sekunden ist es ruhig. Schon will er erleichtert aufatmen, doch …

... subitō Crispīnus iānuam aperit.

Puellam puerumque saevā vōce vōcat: „Manēte hīc! Nōlīte fugere!"

Etiam Gallus intrat et ad fenestram properat. Tunicam Līviae capit et tenet.

„Nōlī mē urgēre, homō improbe!" Puella īrāta est. Saevē sē dēfendit: Pedibus[3] Gallum oppūgnat.

„Iō! Iō!" Alexander Līviam incitat.

Tandem puella hominem malum arcēre potest. Iam Līvia et Alexander per fenestram fugiunt.

Gallus līberōs fugere videt, at per fenestram exīre[4] nōn potest: fenestra parva est.

„Eheu!", Gallus clāmat. „Līberī fūgērunt! Nōbīs poena mala īnstat!"

At Crispīnus Gallum incitat: „Properā, Galle! Mēcum venī! Thessala animadvertere nōn dēbet puerōs et puellās fūgisse. Ergō eōs quaerere et capere dēbēmus!"

Custōdēs per caupōnam in Vīcum Tūscum currunt et līberōs quaerunt.

---

[3] pedibus: mit ihren Füßen – [4] exīre: *hier*: hinausgelangen

Keine Rettung in Sicht?

JETZT DU!

Die Freunde rennen durch das Getümmel auf dem Vicus Tuscus. Ihre Verfolger kommen immer näher. Alexander blickt sich besorgt um: „Die schneiden uns den Weg zurück in den Laden ab!" Livia: „Dann müssen wir uns woanders verstecken!" Aemilia hält sich die Seiten und japst: „Aber wo? Ihr habt doch die Zutatenliste gesehen. Die stecken hier alle mit denen unter einer Decke!"

Livia denkt fieberhaft nach. „Nein. Nicht alle! Ein Laden hier dürfte sicher sein! Folgt mir!"

A

B

C

Zutat 1: Die Schwachstelle der Atalante

Die sportliche Göttin Diana war das Vorbild vieler junger Frauen, doch niemand lief so schnell wie die Jägerin Atalante. Als Hippomenes ihr seine Liebe gestand, lachte sie: „Ich heirate dich sofort – aber nur, wenn du schneller läufst als ich!" Da gab Venus dem jungen Mann drei goldene Äpfel. Beim Wettkampf warf er sie vor Atalante. Jedes Mal blieb sie stehen und hob sie auf. So gewann Hippomenes mit Venus' Hilfe zuerst den Wettkampf und schließlich auch Atalantes Herz.

Zutat 2: Der Zauber der Kirke

Die wohl mächtigste Zauberin aller Zeiten ist die Tochter des Sonnengottes Sol. Sie selbst lebt jedoch nicht bei ihm in seinem Sonnenpalast, sondern auf der Insel Aiaia. Dieser Name erinnert an die Klagerufe vieler Männer, die sich hierher verirrt haben. Mit einem süßen Zaubertrank verwandelt Kirke Männer in Tiere. Besonders berühmt wurde ihre Verzauberung von Odysseus' Gefährten in Schweine. Weil sie sich in Odysseus verliebte, machte sie den Zauber aber wieder rückgängig. Odysseus hat also noch einmal Glück gehabt. Doch wer weiß, wen sie in letzter Zeit noch ‚bezirzt' hat?

- Entschlüssele mithilfe der Texte, in welchen der abgebildeten Läden Thessala die Zutaten für ihren Trank einkauft. Welcher Laden ist der einzige sichere Ort?
- Was glaubt ihr: Was verbirgt sich wohl hinter den verschlüsselten Zutaten?
- Informiere dich über die Göttinnen und Götter, die in den Texten genannt werden. Finde im Internet je ein passendes Bild oder male bzw. zeichne selbst eins.

D

E

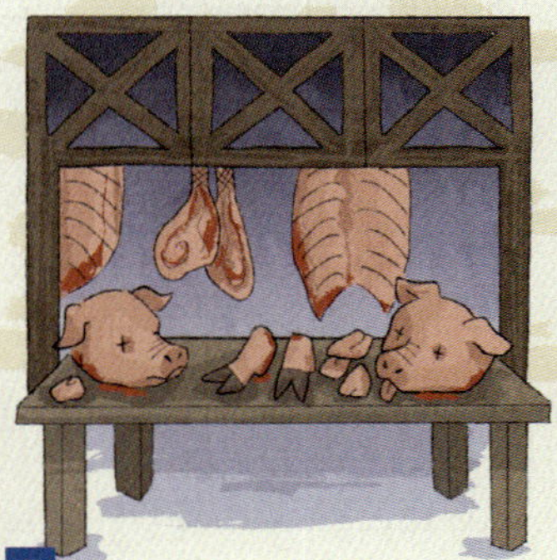
F

Zutat 3: Der Ursprung der Venus

Venus dea amōris est. Vestēs nōn habet: Pūtat vestēs molestās esse. Venus ōtium iūcundum amat. Quondam dea pulchra in aquā nāta est[1]. Itaque aqua deam dēlectat.

Zutat 4: Die Macht des Orpheus

Viele Götter haben berühmte Kinder. Orpheus war der Sohn des Gottes Apoll und hatte dessen Begabung für das Leierspiel geerbt. Auch seine Stimme war so schön, dass sie alle verzauberte. Einmal stieg Orpheus ins Totenreich hinab und rührte die Unterweltsgötter Pluto und Proserpina mit seinem Gesang zu Tränen. Doch in der Liebe erlebte Orpheus nur kurzes Glück …

Zutat 5: Das Geheimnis der Venus

Venus uxor deī Vulcānī est. Vulcānus neque pulcher neque iūcundus est. Mars autem deus pulcher est. Mīlitēs et arma cūrat. Venus Martem valdē amat. Is deus eī iam multās noctēs iūcundās parāvit …

---

[1] nāta est: sie ist geboren worden

10 Gerettet?!

Die Freunde stolpern in den kleinen Parfümladen und blicken sich hilfesuchend um. Eine junge Frau schaut erstaunt vom Verkaufstresen auf. „Verfolgt … Hilfe!", stößt Alexander hervor. Die Frau reagiert sofort und zeigt auf eine Holztür. „Schnell, Alexander und Aemilia!", ruft sie. „Versteckt euch im Lagerraum! Livia, Gaius, ihr auch! Ich lenke eure Verfolger ab!" Erleichtert eilen die Freunde durch die Tür. Nur Aemilia zögert, denn ihr ist etwas Merkwürdiges aufgefallen. Doch dann folgt auch sie ihren Freunden in die Dunkelheit …

Silentium est. Tandem Aemilia dīcit: „Fēmina mihī nōn placet."

Līvia: „Cūr? Quid fēcit?"

Aemilia: „Nōs rēctē vocāvit. Mihī autem fēmina ignōta est."

Alexander: „Per deōs![1] Profectō!"

Līvia: „Etiam ego hodiē prīmum tabernam eius intrāvī. Et tū, Gaī?"

Gaius schreckt hoch. Er wird rot und fängt an zu stottern.

Gaius: „Quid dīxistis? Verba vestra nōn audīvī. Illīc catellam animadvertī! Lepidissima[2] est! Ecce!"

Alexander: „Pssst … Vōcēs audiō … Putō Crispīnum Gallumque tabernam intrāvisse."

Alexander lauscht an der Tür. „Was ist los? Was hörst du?", flüstert Aemilia, doch Alexander bedeutet ihr, ruhig zu sein. Die Freunde wagen kaum zu atmen: Nur eine dünne Holztür trennt sie noch von der Gefahr …

Warum ist Aemilia so misstrauisch? Was ist ihr Seltsames aufgefallen?

---

[1] Per deōs!: (Ausruf) Bei den Göttern! – [2] lepidissimus, -a, -um: sehr niedlich

Endlich wendet sich Alexander wieder seinen Freunden zu und erstattet leise Bericht.

Alexander: „Custōdēs tabernam intrāvērunt. Crispīnus fēminam dē nōbīs rogāvit. Vōx custōdis saeva fuit."

Gaius: „Quid dīxistī, Alexander? Verba tua nōn audīvī. Catellam muscam[1] capere vīdī!"

Aemilia frātrem monet: „Nōlī catellam spectāre, sed audī!"

Līvia: „Alexander dīxit custōdēs tabernam intrāvisse. Tum nārrāvit Crispīnum fēminam dē nōbīs rogāvisse."

Aemilia: „Quid fēcit fēmina, Alexander? Quid respondit?"

Alexander: „Fēmina custōdibus nārrāvit quattuor[2] līberōs īgnōtōs per Vīcum Tūscum properāvisse."

Aemilia: „Per deōs! Ergō fēmina custōdibus omnia[3] nārrāvit. Nunc custōdēs nōs obsidēre, capere, pūnīre possunt!"

Alexander: „Nihil nārrāvit. Nam dīxit līberōs iam procul fūgisse. Fēmina nōs servāvit!"

Gaius: „Quid dīxistis? Verba vestra nōn audīvī. Catellam umbram[4] suam fugere cōnspexī!"

Aemilia: „Gaī! Neglege tandem catellam!"

Livia: „Alexander dīxit fēminam nōs servāvisse."

Alexander lauscht noch einige Momente an der Tür. Schließlich nickt er erleichtert:

„Crispīnus Gallusque non iam adsunt. Tūtī sumus! Sed quid dīxistī, Gaī? Ubī catellam vīdistī?"

Gaius: „Ecce!"

Amicī ad Gaium spectant. Puer humī sedet et cum catellā lūdit. Amīcī gaudent et rīdent. Subitō Alexander clāmat: „Nunc sciō...! Fēmina īgnōta amīca Decimī nostrī est!"

Woher weiß Alexander von dieser Verbindung? Was hat er entdeckt?

[3] musca, muscae *f.*: die Fliege – [4] quattuor: vier – [5] omnia: alles – [6] umbra, umbrae *f.*: der Schatten

11 Ordnung ins Chaos

Fröhlich bellend läuft das Hündchen zur Tür, als die junge Frau in den Lagerraum kommt. „Ich bin Delia", stellt sie sich vor. „Das war ja haarscharf – diese Kerle waren ganz schön sauer auf euch. Was habt ihr denn angestellt?"

Bevor die Freunde antworten können, öffnet sich die Tür erneut. Onkel Decimus betritt den Raum. „Was macht *ihr* denn hier?", ruft er. Auch Aemilia, Livia und Gaius staunen: „Und was machst *du* hier?"

Delia lacht. „So begrüßt man aber in meinem Haus keine Gäste. Kinder, meinen Freund Decimus kennt ihr ja. Decimus, deine Nichten, dein Neffe und dein Gehilfe sind mir gerade in den Laden gestürmt. Zwei üble Kerle waren hinter ihnen her. Keine Sorge, mein lieber Decimus, ich konnte die Kerle abwimmeln." Sie wendet sich an die Freunde. „Warum diese Schläger es auf euch abgesehen hatten, weiß ich aber selbst noch nicht. Darum erzählt doch bitte: Was ist überhaupt passiert?"

Eins nach dem anderen

JETZT DU!

Die Freunde reden wild durcheinander. Nur mit Mühe können Decimus und Delia der Geschichte folgen. Hilf ihnen und bring die Sätze in die richtige Reihenfolge! Die Buchstaben ergeben geordnet den Namen von Delias Hündchen.

Tandem ē caupōnā fūgimus. **E**

Caupōnam intrāvimus. **L**

Accia et Doris nārrāverunt fēminam pōtiōnem malam parāvisse. **A**

Prīmum sermōnem cum magā habuimus ... **A**

Cygnus in Vīcō Tūscō cantāvit. Itaque dominus īrātus fuit. **G**

Nunc hīc sumus. Adiuvāte nōs! Cygnum servāre cupimus. **A**

..., tum cum custōdibus pūgnāvimus. **T**

ETZT DU!

Bei den Göttern, so ein Durcheinander

Gaius und der kleine Hund haben beim Spielen viel Chaos angerichtet. Einige kleine Götterstatuen sind dabei zu Bruch gegangen. Hilf den Freunden beim Aufräumen und ordne den Gottheiten wieder ihre Namen und Erkennungsmerkmale (Attribute) zu.

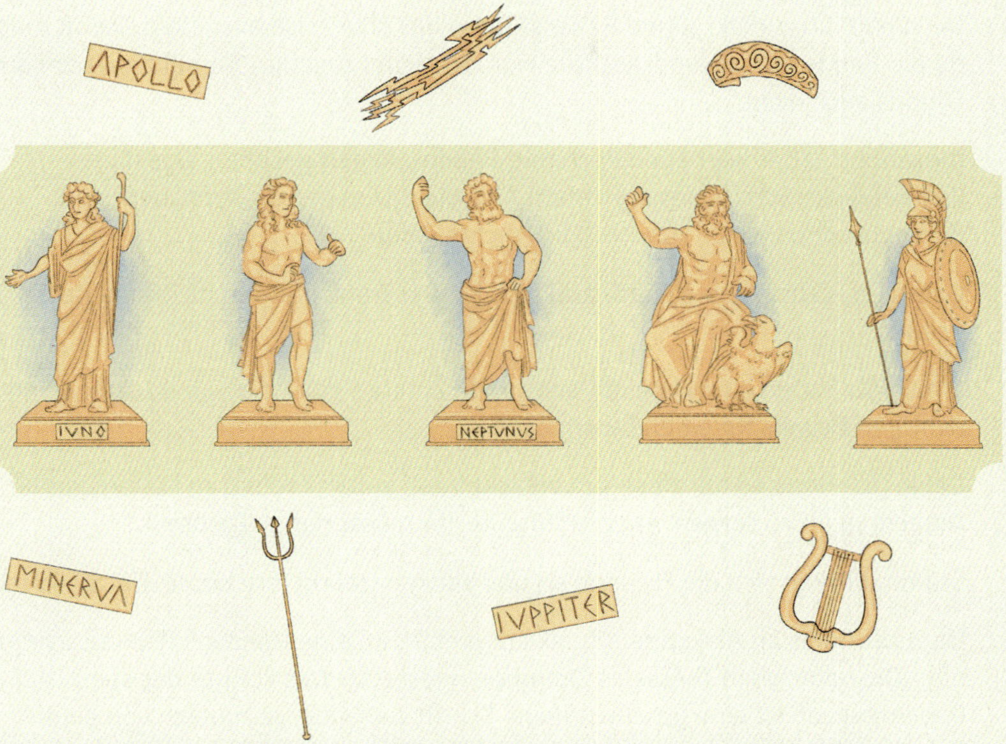

Die Götter des Olymp

In Rom wurden viele Götter verehrt. Besonders wichtig waren die Götter, die der Sage nach auf dem griechischen Berg Olymp wohnten. Die Römer übernahmen alle Geschichten von den Griechen, gaben den Göttern aber lateinische Namen. Mit Erzählungen über Götter versuchte man, Naturgesetze, glückliche Ereignisse, aber auch Katastrophen zu erklären. So schützt das Königspaar Jupiter und Juno (bei den Griechen: *Zeus* und *Hera*) große Städte, aber Jupiter schleudert im Zorn auch Blitze. Neptun (*Poseidon*) sorgt für eine ruhige Seefahrt oder löst Stürme und Erdbeben aus. Minerva (*Athene*) ist die Göttin für Wissenschaft, Handwerk und Krieg. Apollo (*Apollon*) inspiriert Künstler, Wahrsager und Ärzte, doch seine Pfeile verursachen auch Krankheiten. Insgesamt sechs Göttinnen und sechs Götter beeinflussen so vom hohen Olymp aus das Weltgeschehen.

12 Aus der Zauber!

Als Decimus und Delia endlich alles verstanden haben, steht der Onkel schwungvoll auf. „Das ist ja eine üble Bande! Die stelle ich persönlich zur Rede!"

Delia hält ihn zurück: „Ohne Beweise kann das aber böse ausgehen. Damit machst du die Bande nur wütend, aber sie werden nichts zugeben. So hilfst du dem armen Cygnus auch nicht."

Alexander: „Aber wir haben doch mit eigenen Augen gesehen, was diese Zaubertränke Schlimmes anrichten! Alle, die davon getrunken haben, sind durchgedreht. Cygnus kann wirklich nichts dafür!"

Gaius: „Verliebt hat er sich trotzdem nicht! Der Trank hat also nicht mal richtig gewirkt!"

Livia: „Wir haben eine Liste mit seltsamen Zutaten gefunden, aber leider keinen richtigen Beweis für einen faulen Zauber."

Delia: „Ich finde es toll, dass ihr versucht habt, eurem Freund zu helfen und für Gerechtigkeit zu sorgen. Aber ich fürchte, ihr müsst nun aufgeben."

Stumm blicken sich die Freunde an und senken traurig ihre Köpfe. Hat Delia recht?

Da zupft Gaius an Alexanders Tunika und hält ihm eine Handvoll Papyrusschnipsel hin: „Die habe ich in Thessalas Zimmer eingesteckt. Was könnte das sein?" Auf den Papyrusfetzen ist eine geschwungene Schrift zu sehen, vermutlich von einer Frauenhand geschrieben. Vielleicht ein Brief? Ein großer Tintenfleck hat das Blatt verdorben. Es sieht aus, als hätte die Schreiberin es vor Wut über ihr Missgeschick zerrissen. Aemilia schiebt die Papyrusstücke hin und her. „Ja, das könnte uns tatsächlich weiterbringen", überlegt sie. „Helft mir mal bitte. Vielleicht können wir den Brief wieder zusammensetzen und mehr herausfinden!"

ETZT DU!

Der verräterische Brief

Hilf Alexander, Aemilia, Livia und Gaius, die Papyrusschnipsel richtig zusammenzusetzen.

Thessala Porciō frātrī salūtem dīcit[1].

pecūniam in caupōnam meam

portāvērunt. Pōtiōnēs

Valdē gaudeō!

amōrem, sed furōrem[2] excitant!
sunt – et fūrēs bonī[3], hahae!

Ita magnam pecūniam accēpī. Nōnne callida[4] sum?
Respondē Thessalae, sorōrī tuae! Valē[5]!

cupīvērunt. At pōtiōnēs meae nōn
Crispīnus et Gallus custōdēs meī

Nam multī hominēs crēdulī[6]

---

[1] Thessala Porciō frātrī salūtem dīcit: Thessala grüßt ihren Bruder Porcius (= „Lieber Bruder Porcius") – [2] furor, furōris *m.*: der Wahnsinn – [3] fūrēs bonī: *hier:* erfolgreiche Schurken – [4] callidus, -a, -um: schlau – [5] valē: lebe wohl – [6] crēdulus, -a, -um: naiv, leichtgläubig

Gemeinsam mit Decimus gehen die vier Freunde zu Cygnus' Herrn. Sie erklären ihm, warum die Zerstörung der Buchrolle nicht Cygnus' Schuld war, und zeigen ihm als Beweis Thessalas Brief. Der Herr liest ihn aufmerksam durch. Dann bedankt er sich und schickt alle wieder hinaus: Er wolle noch zwei wichtige Briefe schreiben …

Einige Tage später ist Cygnus wieder in Rom. Er sucht seine Freunde bei Decimus im Laden auf. Alle freuen sich, ihn wiederzusehen, und erzählen ihm ihr ganzes Abenteuer. Alexander endet nachdenklich: „Ich bin froh, dass du wieder hier bist, Cygnus. Aber ich mache mir Sorgen, dass die Bande jetzt Rache will!" Da grinst Cygnus breit: „Also wisst ihr das Neueste noch gar nicht?"

Cygnus nārrat: „Dominus statim duās epistulās[1] scrīpsit. Prīmum mē revocāvit[2]. Tum Thessalam et custōdēs accūsāvit. Thessala dominō meō magnam pecūniam dare dēbuit."

Līvia: „Nōnne Thessala īrāta fuit?"

Cygnus: „Certē īrāta fuit. Tamen nihil facere potest. Nam nunc multī hominēs sciunt Thessalam fēminam improbam esse. Itaque maga et custōdēs ex urbe[3] Rōmā fūgērunt."

Amīcī et Decimus gaudent et rīdent.

„Nur schade, dass unsere Eltern uns jetzt bestimmt nicht mehr nach der Schule in den Laden lassen", seufzt Gaius. Doch Decimus zwinkert den Freunden verschwörerisch zu. „Dann muss ich wohl dafür sorgen, dass sie nichts von eurem Abenteuer erfahren. Heldinnen und Helden wie euch sollte man nicht zu Hause einsperren!"

[1] duās epistulās *(Akk. Pl. f.)*: zwei Briefe – [2] revocāre, revocō, revocāvī: zurückrufen, zurückholen – [3] urbs, urbis *f.*: die Stadt

Anhang

Begleitvokabular

1 Die Hauptfiguren

Text

taberna	tabernae *f.*	der Laden

Stimmengewirr auf dem Vicus Tuscus

fabula	fabulae *f.*	die Sage, die Erzählung
tamen	*Adv.*	dennoch, trotzdem
nārrāre	nārrō, nārrāvī	erzählen
abstinēre	abstineō, abstinuī	fernhalten
prīmus	-a, -um	der erste

2 Aufregung um Cygnus

Text

neque ... neque		weder ... noch
urgēre	urgeō, ursī	drängen, bedrängen
caupōna	caupōnae *f.*	die Kneipe
ad	*Präp. + Akk.*	zu (... hin); bei
ampulla	ampullae *f.*	das Fläschchen
fēmina	fēminae *f.*	die Frau

Das zerstörte Buch

sacer	sacra, sacrum	heilig, geweiht
arx	arcis *f.* *Gen. Pl.* arcium	die Festung, die Anhöhe
nox	noctis *f.* *Gen. Pl.* noctium	die Nacht

quondam	*Adv.*	einst
famēs	famis *f.*	der Hunger
ascendere	ascendō, ascendī	besteigen, hinaufsteigen

3 Accias Geheimnis

nūper	*Adv.*	neulich
forte	*Adv.*	zufällig
maga	magae *f.*	die Zauberin
amor	amōris *m.*	die Liebe
pōtiō	pōtiōnis *f.*	der Trank
templum	templī *n.*	der Tempel
deus dea	deī *m.* deae *f.*	der Gott die Göttin
sacrum	sacrī *n.*	das Opfer
vīnum	vīnī *n.*	der Wein
custōs	custōdis *m.*	der Wächter

4 Der Soldat im Kaufrausch

mīles	mīlitis *m.*	der Soldat
redīre	redeō	zurückkommen
saxum	saxī *n.*	der Fels

7 Wilder Kampf und fiese Flüche

procul	*Adv.*	von fern, weit (weg), von weitem
obsidēre	obsideō, obsēdī	belagern

Eigennamen

Rōma, Rōmae *f.* (die Stadt Rom) • Vīcus Tūscus, Vīcī Tūscī *m.* (der Vicus Tuscus, ein Straßenzug im alten Rom) • Iūnō, Iūnōnis *f.* (Juno, die Schutzgöttin Roms) • Gallī, Gallōrum *m. Pl.* (die Gallier) • Rōmānī, Rōmānōrum *m. Pl.* (die Römer) • Plūto, Plūtōnis *m.* (Pluto, der Gott der Unterwelt) • Proserpina, Proserpinae *f.* (Proserpina, die Göttin der Unterwelt) • Mercurius, Mercuriī *m.* (Merkur, Gott der Händler und Diebe) • Iuppiter, Iovis *m.* (Jupiter, der Göttervater) • Venus, Veneris *f.* (Venus, die Göttin der Liebe) • Vulcānus, Vulcānī *m.* (Vulkan, der Gott des Feuers) • Apollō, Apollinis *m.* (der Gott der Wissenschaften, Weissagung, Musik und Medizin) • Minerva, Minervae *f.* (die Göttin der Weisheit) • Neptūnus, Neptūnī *m.* (Neptun, Gott des Wassers und des Meeres)

Stammformen

A	**abstinēre**	abstineō, abstinuī	fernhalten
	accipere	accipiō, accēpī	annehmen, aufnehmen, empfangen
	accūsāre	accūsō, accūsāvī	beschuldigen
	adiuvāre	adiuvō, adiūvī	unterstützen
	agere	agō, ēgī	tun, handeln
	animadvertere	animadvertō, animadvertī	merken, bemerken
	arcēre	arceō, arcuī	abwehren, fernhalten
	ascendere	ascendō, ascendī	besteigen, hinaufsteigen
	audīre	audiō, audīvī	(zu)hören
C	**cantāre**	cantō, cantāvī	singen
	cēdere	cēdō, cessī	gehen, (zurück)weichen
	clāmāre	clāmō, clāmāvī	rufen
	cōgitāre	cōgitō, cōgitāvī	denken
	cōnspicere	cōnspiciō, cōnspexī	erblicken, sehen
	cupere	cupiō, cupīvī	wollen, wünschen
D	**dēbēre**	dēbeō, dēbuī	müssen
	dēfendere	dēfendō, dēfendī	verteidigen
	dīcere	dīcō, dīxī	sagen, sprechen, reden
E	**errāre**	errō, errāvī	irren, sich irren
	esse	sum, fuī	sein
	excitāre	excitō, excitāvī	aufschrecken, aufwecken
	exspectāre	exspectō, exspectāvī	erwarten
F	**facere**	faciō, fēcī	machen, tun
	fugere	fugiō, fūgī	fliehen (vor), entkommen (vor), meiden
H	**habēre**	habeō, habuī	haben, halten
I	**intrāre**	intrō, intrāvī	betreten, eintreten
M	**mittere**	mittō, mīsī	schicken, wegschicken
	monēre	moneō, monuī	ermahnen, mahnen
	mōnstrāre	mōnstrō, mōnstrāvī	zeigen
N	**nārrāre**	nārrō, nārrāvī	erzählen
	nocēre	noceō, nocuī	schaden
O	**obsecrāre**	obsecrō, obsecrāvī	anflehen
	obsidēre	obsideō, obsēdī	belagern
	oppugnāre	oppugnō, oppugnāvī	angreifen, bestürmen
P	**parāre**	parō, parāvī	(vor)bereiten
	pārēre	pāreō, pāruī	gehorchen
	portāre	portō, portāvī	tragen
	properāre	properō, properāvī	eilen, sich beeilen
	pūgnāre	pūgnō, pūgnāvī	kämpfen
R	**respondēre**	respondeō, respondī	antworten
	rīdēre	rīdeō, rīsī	lachen, jdn. auslachen
	rogāre	rogō, rogāvī	fragen
S	**salūtāre**	salūtō, salūtāvī	grüßen
	scrībere	scrībō, scrīpsī	schreiben
	sedēre	sedeō, sēdī	sitzen
	servāre	servō, servāvī	retten
	spectāre	spectō, spectāvī	anschauen, betrachten, sehen
T	**tacēre**	taceō, tacuī	schweigen
	tenēre	teneō, tenuī	halten
U	**urgēre**	urgeō, ursī	drängen, bedrängen
V	**venīre**	veniō, vēnī	kommen
	vidēre	videō, vīdī	sehen
	vocāre	vocō, vocāvī	rufen

Formenspeicher

Präsens

Infinitiv	cantā-re *singen*	esse *sein*
1. P. Sg.	cant-ō *ich singe*	sum *ich bin*
2. P. Sg.	cantā-s *du singst*	es *du bist*
3. P. Sg.	canta-t *er/sie/es singt*	est *er/sie/es ist*
1. P. Pl.	cantā-mus *wir singen*	sumus *wir sind*
2. P. Pl.	cantā-tis *ihr singt*	estis *ihr seid*
3. P. Pl.	canta-nt *sie singen*	sunt *sie sind*

Perfekt

Infinitiv	cantāv-isse	fu-isse
1. P. Sg.	cantāv-ī *ich habe gesungen;* *ich sang*	fu-ī *ich bin gewesen;* *ich war*
2. P. Sg.	cantāv-istī *du hast gesungen;* *du sangst*	fu-istī *du bist gewesen;* *du warst*
3. P. Sg.	cantāv-it *er/sie/es hat gesungen;* *er/sie/es sang*	fu-it *er/sie/es* *ist gewesen; er/sie/es war*
1. P. Pl.	cantāv-imus *wir haben gesungen;* *wir sangen*	fu-imus *wir sind gewesen;* *wir waren*
2. P. Pl.	cantāv-istis *ihr habt gesungen;* *ihr sangt*	fu-istis *ihr seid gewesen;* *ihr wart*
3. P. Pl.	cantāv-ērunt *sie haben gesungen;* *sie sangen*	fu-ērunt *sie sind gewesen;* *sie waren*

Alphabetische Wortliste

A

ā, ab *Präp. + Abl.* von
abīre, abeō weggehen, verschwinden
abstinēre, abstineō, abstinuī fernhalten
accipere, accipiō, accēpī annehmen, aufnehmen, empfangen
accūsāre, accūsō, accūsāvī beschuldigen
ad *Präp. + Akk.* zu (… hin), bei
adesse, adsum da sein, anwesend sein
adhūc *Adv.* bis jetzt, noch
adiuvāre, adiuvō, adiūvī unterstützen
agere, agō, ēgī tun, handeln
agitātor, agitātōris *m.* der Wagenlenker
amāre, amō lieben, mögen
amīca, amīcae *f.* die Freundin
amīcus, amīcī *m.* der Freund
ampulla, ampullae *f.* **das Fläschchen**
animadvertere, animadvertō, animadvertī merken, bemerken
ante *Präp. + Akk.* vor
aperīre, aperiō öffnen
Apollō, Apollinis *m.* (der Gott) Apoll
aqua, aquae *f.* das Wasser
arcēre, arceō, arcuī abwehren, fernhalten
arma, armōrum *n. Pl.* die Waffen
arx, arcis *f.* (*Gen. Pl.:* **arcium**) die Festung, die Anhöhe
ascendere, ascendō, ascendī besteigen, hinaufsteigen
at *Konj.* aber
atque *Konj.* und
audīre, audiō, audīvī (zu)hören
aut *Konj.* oder
autem *Konj.* aber

B

bene *Adv.* gut
bibere, bibō trinken
bonus, -a, -um gut
bōs, bovis *m.* das Rind, der Ochse, *f.*: die Kuh

C

cadere, cadō fallen
cantāre, cantō, cantāvī singen
capere, capiō fangen, ergreifen
catella, catellae *f.* das Hündchen
caupōna, caupōna *f.* die Kneipe
cēdere, cēdō, cessī gehen, (zurück)weichen
cēna, cēnae *f.* die Mahlzeit, das Essen
cēnsēre, cēnseō denken, meinen
certē *Adv.* sicher, gewiss
clāmāre, clāmō, clāmāvī rufen
clāmor, clāmōris *m.* der Lärm, das Geschrei, der Ruf
cōgitāre, cōgitō, cōgitāvī denken
cōnsīdere, cōnsīdō sich hinsetzen
cōnsilium, cōnsiliī *n.* der Rat, die Beratung, der Plan
cōnspicere, cōnspiciō, cōnspexī erblicken, sehen
corrumpere, corrumpō verderben
cum *Präp. + Abl.* mit, zusammen mit
cūnctī, -ae, -a *Pl.* alle
cupere, cupiō, cupīvī wollen, wünschen
cūr? *Adv.* warum?
cūrāre, cūrō *(+ Akk.)* sich kümmern (um)
currere, currō laufen
custōs, custōdis *m.* der Wächter

D

dare, dō geben
dē *Präp. + Abl.* über, von
dea, deae *m.* die Göttin
dēbēre, dēbeō, dēbuī müssen
nōn **dēbēre** nicht dürfen
dēfendere, dēfendō, dēfendī verteidigen
dēlectāre, delectō erfreuen
dēpōnere, dēpōnō, dēposuī ablegen
deus, deī *m.* der Gott
dīcere, dīcō, dīxī sagen
domina, dominae *f.* die Hausherrin
dominus, dominī *m.* der Herr, der Hausherr
domum nach Hause
dōnum, dōnī *n.* das Geschenk
dūcere, dūcō führen

E

ē, ex *Präp. + Abl.* aus (... heraus), von
ecce! *+ Nom./Akk.* sieh(e)!, sieh(e) da!
ego *Pers.-Pron.* ich
ēgregius, -a, -um hervorragend, herausragend, ausgezeichnet
eius *nicht-refl. Poss.-Pron.* sein(e), ihr(e), dessen
enim *Konj.* nämlich
equus, equī *m.* das Pferd
ergō *Adv.* deshalb, also
errāre, errō, errāvī irren, sich irren
esse, sum, fuī sein
et *Konj.* und
etiam *Konj.* auch
excitāre, excitō, excitāvī aufschrecken, aufwecken
explēre, expleō erfüllen
exspectāre, exspectō, exspectāvī erwarten

F

fabula, fabulae *f.* die Sage, die Erzählung
facere, faciō, fēcī machen, tun
famēs, famis *f.* der Hunger
familia, familiae *f.* die Hausgemeinschaft, die Familie
fēmina, fēminae *f.* die Frau
forte *Adv.* zufällig
fortūnae, fortūnārum *f. Pl.* das Vermögen, die Reichtümer
frāter, frātris *m.* der Bruder
fugere, fugiō, fūgī *+ Akk.* fliehen (vor), entkommen (vor), meiden
fūr, fūris *m.* der Dieb

G

Gallī, Gallōrum *m. Pl.* die Gallier
gaudēre, gaudeō sich freuen
gladius, gladiī *m.* das Schwert

H

habēre, habeō, habuī haben, halten
hīc *Adv.* hier
hodiē *Adv.* heute
homō, hominis *m.* der Mensch, der Mann
humī auf dem Boden

I

iam *Adv.* schon, gleich, jetzt
iānua, iānuae *f.* die Tür
ibī *Adv.* dort
īgnōtus, -a, -um unbekannt
illīc *Adv.* dort
improbus, -a, -um schlecht, böse
in *Präp. + Abl.* in, an, auf, bei
in *Präp. + Akk.* in (... hinein), gegen
incitāre, incitō antreiben, anfeuern
inquit *3. P. Sg.* er, sie, es sagt
īnstāre, īnstō bevorstehen, drohen
inter *Präp. + Akk.* zwischen, unter
intrāre, intrō, intrāvī betreten, eintreten
īrātus, -a, -um zornig, wütend
īre, eō gehen
is, ea, id *Dem.-Pron./Pers.-Pron.* dieser, diese, dieses, er, sie, es
ita *Adv.* so
itaque *Adv.* deshalb
iterum *Adv.* wieder
iūcundus, -a, -um erfreulich, angenehm
iūdicium, iūdiciī *n.* das Urteil, die Meinung
Iūnō, Iūnōnis *f.* (die Göttin) Juno
Iuppiter, Iovis *m.* (der Gott) Jupiter

L

labōrāre, labōrō arbeiten
legere, legō, lēgī lesen
līberī, līberōrum *m. Pl.* die Kinder
licet es ist erlaubt
lūdere, lūdō spielen

M

maga, magae *f.* **die Zauberin**
magnus, -a, -um groß
malus, -a, -um schlecht, böse
manēre, maneō bleiben, erwarten
Mercurius, Mercuriī *m.* (der Gott) Merkur
meus, -a, -um *Poss.-Pron.* mein(e)
mīles, mīlitis *m.* der Soldat
Minerva, Minervae *f.* (die Göttin) Minerva
miser, -a, -um arm, unglücklich
mittere, mittō, mīsī schicken, wegschicken
molestus, -a, -um lästig, unangenehm
monēre, moneō ermahnen, mahnen
mōnstrāre, mōnstrō, mōnstrāvī zeigen
multī, -ae, -a viele

N

nam *Konj.* denn
nārrāre, nārrō, nārrāvī erzählen
-ne? *zeigt an, dass es sich um eine Frage handelt*
neglegere, neglegō vernachlässigen, nicht beachten
Neptūnus, Neptūnī *m.* (der Gott) Neptun
neque *Konj.* und nicht
neque ... neque weder ... noch
nihil nichts
nocēre, noceō, nocuī schaden
nōlī, nōlīte *Sg./Pl. + Inf.* zeigt an, dass es sich um ein Verbot handelt
nōn nicht
nōn iam *Adv.* nicht mehr
nōnne? etwa nicht?, doch wohl?
nōs *Nom./Akk. Pl.* wir, uns
noster, -tra, -trum *Poss.-Pron.* unser(e)
nox, noctis *f.* (*Gen. Pl.*: **noctium**) die Nacht
num? denn?, etwa?